东窗别照

善愿净蓉 著

Copyright © 2021 Yunya Zhu(Shanyuan Jingrong)
ISBN: 9781736838945

All right reserved. No part of this publication may be reproduced distributed, or transmitted in any form or by means, including photocopying, recording, or other electronic or mechanical methods, without the prior written permission of the publisher, except in the case of brief quotations embodied in critical reviews and certain other noncommercial uses permitted by copyright law. For permission requests, write to the author, addressed "Attention: Permissions Coordinator" at zhuyunya330@163.com

First paperback edition August 2021
Edited by Yunya Zhu(Shanyuan Jingrong)
Cover art by Yu Lu
Printed in the United States of America

Asian Culture Press
444 Alaska Avenue,
Suite #AZF046,
Torrance, CA 90503
United States

序

　　本书收录的诗偈，大部分是我 2004-07 年间即兴所写，出版前改写、续写了一部分。特别感谢禅疯子，保存了旧文，虽然时光逝去不复，幸而这些诗偈得以"重见天日"。

　　当年的台湾佛教网路论坛（简称台坛），荟集了各地华人网友，吟诗对偈好不热闹。很感恩，你们曾经出现，在我的生命里；很荣幸，你们再次出现，在我的书里。

　　全书分为四篇，书名"东窗别照"和篇章名爱与菩提、拉拉杂杂、醒即菩提，都是当初的帖子标题，内容经整理后重新组合。《有味无味》是我和老实说谈屁论道的辑录。

　　世间万相万物，都是清净法性的种种姿态，是你我本来面目的展现。青红皂白，无非菩提之印。

　　过往的点点滴滴，如今看来虽然稚嫩，甚至有些拿不出手，却是不能磨灭的旧日印记。

　　朝东，故而取名东窗别照。

　　开一扇窗，愿心光照亮你。

目录

➤ 第一篇 爱与菩提

爱与菩提（一） 2
真心 2
枯木 2
和善友三生石 3
和老实说三生石 3
和善友爱的真谛 3
若为情狂戏奇巧（一） 4
若为情狂戏奇巧（二） 9
若为情狂戏奇巧（三） 9
若为情狂戏奇巧（四） 9
若为情狂戏奇巧（五） 10
爱与菩提（二） 10
爱与菩提（三） 10
爱与菩提（四） 11
觉有情 11
菩提行 11
情执（一） 12
情执（二） 12
情执（三） 12
多情 无情（一） 13
多情 无情（二） 13
多情 无情（三） 13
情场 道场（一） 14
情场 道场（二） 14
情场 道场（三） 14
常与无常（一） 15
常与无常（二） 15

常与无常（三）..................................15
爱与菩提（五）..................................16

➤ 第二篇 有味无味

有味无味（一）——和老实说谈屁..................18
有味无味（二）——同一味..........................18
有味无味（三）——本来真..........................18
哪里生..19
无明地瓜..19
说话中听..19
三人成行..20
深夜谈吃..20
一口吞..21
表相屁（一）....................................21
表相屁（二）....................................21
秉烛论屁..22
究竟一如（一）..................................22
究竟一如（二）..................................22
夜不眠..23
江山多娇（一）..................................23
江山多娇（二）..................................23
老实心惦惦......................................24
老实送礼..24
围观群众..24
屁理歪唧唧......................................25
有屁难放..25
有屁当放..26
屁里闻香..26
一门深入..26
体相如如..27

你来参 27

▶▶ 第三篇　拉拉杂杂

映遍千载月（一）... 29
映遍千载月（二）——网名连缀............................ 29
映遍千载月（三）——携手.................................... 29
映遍千载月（四）——聚散.................................... 30
映遍千载月（五）——观.. 30
映遍千载月（六）——风流.................................... 30
映遍千载月（七）——世态.................................... 31
映遍千载月（八）——关山万里............................ 31
映遍千载月（九）——走我路................................ 31
映遍千载月（十）——镜花.................................... 32
晴天 32
逍遥客 32
微风话珍重 33
三月十二日大雪 33
龙行于世 34
风光 34
知音 34
芬济 35
回微笑真假用功 35
回微笑本自如如 35
坦途 36
谈出家 36
飘尘 37
摆渡翁 37
功夫禅 37
和禅疯子意动心不动 38
和禅疯子一身腥 39

和禅疯子漫漫长夜冷清清 39
和禅疯子浙江临海吾家乡 39
上台下不来 40
静明来了 40
叫娘 40
蛤蟆（一） 41
蛤蟆（二） 41
蛤蟆（三） 41
回 Lym 划拳锈腿不差 42
和 Lym 二十五马上到 42
和 Lym 假戏真作 42
瞌睡 43
上班 43
平安夜寄思 44
虚空游 48
hello 悉达多 48
玩火 48
月德来了 49
和无忌夜半网上疯 49
和无忌射雕 50
疯子禅（一） 51
疯子禅（二） 51
忆偶像 51
忆故人 52
论人品 54
新年感怀 55
新年许愿 55
发夹 56
围巾 57
冻疮 58

目录

快乐帮主花...59
鲜言寡语帮主花...59
文秘班喜事传...59
阴雨天牢骚...60
日子...61
踏实过日子...61
和禅疯子对诗（一）...62
和禅疯子对诗（二）...62
和禅疯子对诗（三）...63
和禅疯子自言自语残篇...64
和禅疯子蓝色忧郁划天际.......................................66
戏痴...66
帮主自嘲...67
正月十四...68
正月十五...69
老实真嗲...70
疯仔说话...70
开题...71
道别...71
世道...71
和柴门半掩月来关...72
和子象一支花...72
和蓬莱不敢先子洛迦花...72
和老实说夜半钟声...73
和老实说大乘小乘一团糟.......................................73
和老实说明月高挂心头岭.......................................73
回念初无相内功...74
拉杂说今年...74
拉杂乐...74
拉杂淘...75

拉杂寂廖..75
拉杂乐翻天..76
夏思..76
调侃万法归一..77
和万法归一我本紫宵宫中仙..................................77
回万法归一囡囡良心狠..77
和万法归一烦烦..78
和万法归一返朴归真..78
五一来了..79
不太乖..79
粗菜淡饭..80
七夕..80
扑克牌..80
糖葫芦..81
月夜..81
鸭子..81
回 Bymoon（一）..82
回 Bymoon（二）..82
和禅疯子彩票..83
和禅疯子城门鸡蛋糕..83
秋天的清晨..84
等待..85
回忆..86
输赢 对立..87
你的诗篇..88
了结..89
在转身之前离去..90

▶▶第四篇 醒即菩提
醒即菩提（一）..92

醒即菩提（二）	92
醒即菩提（三）	92
无明（一）	93
无明（二）	93
无明（三）——无明即明	93
诸佛法身	94
大梦难觉	94
和Lym一日不见路已分	94
哪里来	95
和善友一曲逍遥拂尘风	95
和善友一样米饲百样人	95
藉物撷花心法偈——感Lym"百丈万门开"	96
夜来舍妄	97
故乡	97
两岸	97
天上天下	98
识性真疯（一）	98
识性真疯（二）	98
漏（一）	99
漏（二）	99
镜	99
秋风冬风	100
一月一日听咒（一）	100
一月一日听咒（二）	100
人性	101
浑沌	101
逃禅	102
心尘	102
和禅疯子忍	102
究竟	103

说空..103
一物不悟..103
真假用功..104
和老实说仰望苍天（一）................................105
和老实说仰望苍天（二）................................105
和老实说痘痘..105
自在行..106
静明乐..106
和先子致静明万缘小歇亭................................106
和蓬莱不敢先子宇宙之力................................107
和蓬莱不敢先子汤圆（一）..............................107
和蓬莱不敢先子汤圆（二）..............................107
酒色财气声犬马（一）..................................108
酒色财气声犬马（二）..................................108
真如戏..108
幻梦无常..109
利谷欲壑..109
欲海惊澜..109
酒一杯..110
性中庵..110
念弥陀..110
善护口业..111
梦醒时分..111
弥陀情..111
回万法归一（一）......................................112
回万法归一（二）......................................112
回万法归一（三）......................................112
回万法归一（四）......................................113
学法门无他..113
青蟹（一）..114

青蟹（二）..114
发露偈..114
和万法归一嘻嘻嘻呜呜呜..........................115
和万法归一奇奇怪怪..................................115
和万法归一一天到晚笑哈哈......................116
和万法归一人间大傻瓜..............................116
和万法归一一万万一..................................116
和见独妄从觉来..117
回小神子..117
新年海边游..117
和禅疯子往事已矣（一）..........................118
和禅疯子往事已矣（二）..........................118
和禅疯子往事已矣（三）..........................118
和禅疯子往事已矣（四）..........................119
和禅疯子天上人间（一）..........................119
和禅疯子天上人间（二）..........................119
和禅疯子午夜在徘徊（一）......................120
和禅疯子午夜在徘徊（二）......................120
和禅疯子我本观音怀中眠..........................120
醒来早..121
无限好..121
梦中事..122
苍生情..122
问路..122
也说灵魂出窍..123
中阴..123
法性颂..124
听茉莉花..124
轻羽..124
金刚般若（一）......................................125

金刚般若（二）..125
尘嚣..125
业缘果报（一）..126
业缘果报（二）..126
回 Bymoon 木女寒山..................................126
跆拳道..127
色迷..127
小楼闲思..127
致天台月悟法师......................................128
和谛弘法师周遭琐碎..............................128
评王治全太平洋上好钓鱼......................128
无明（四）——见牢................................129

第一篇　爱与菩提

爱与菩提（一）

大梦初觉鼾忽忽，
梦真一如肚咕咕。
爱与有情菩提路，
跋山涉水空无物。

真心

江南秀色草青青，
湖光山林遍含情。
触目尽是赤子音，
更向何处觅真心？

枯木

有情息心作枯木，
枯木逢春化凡夫。
青山有路苦识途，
冬雪无径步自舒。

和善友三生石

浮生戏饰淋漓曲，
笑自无言把头屈。
三生石上伶仃句，
纵是情深何所拘？

和老实说三生石

若将此心比银幕，
三生石上不留伫。
然则空华亦锦簇，
更向唇楼唱梁祝。

和善友爱的真谛

爱的真谛涅槃因，
一行中蕴无量行。
不隔不别起圆信，
心月朗朗耀古今。

若为情狂戏奇巧（一）

回眸旧文不由笑，
若为情狂戏奇巧。
本自无心台坛访，
怎遇戏迷兴致亢。
戏中得逢结群豪，
欢声笑语景象好。
武林大会世无双，
各显神通技高超。
神仙罗汉台前靠，
仁者大德跑龙套。
一时之间好热闹，
侠路齐聚乐陶陶。
帮主枝头一粉桃，
青青涩涩地上跳。
初来乍到不开窍，
手舞足蹈慌接招。
出世奇葩开悄悄，
禅疯师兄至尊宝。
文思泉涌突突冒，
刀光剑影玩得俏。
帮主无知姿清高，
任性贪玩展腿脚。
禅疯师兄来关照，
帮主冥顽听不到。
忽悟无常执为牢，
情场道场顿明了。
远去西安带棉袄，
嘘寒问暖话不少。

三更半夜网吧泡,
只想见闻与君绍。
拈花惹草令人恼,
言温辞暖似怀抱。
莫名其妙起狂潮,
重归于静雪里娇。
每天上班起得早,
第一件事开电脑。
看见禅兄不神慌,
不见禅兄急寻找。
如此情况真糟糕,
境像分明由心造。
一天到晚有没饱,
开口闭口早睡觉。
罗罗嗦嗦像大嫂,
天寒地冻恐衣薄。
圣诞贺卡小猪妖,
错把神父当您老。
派偶照片问候捎,
君喜发夹来相要。
小小发夹不值道,
欲要发夹地址告。
又言电话一并报,
难道叫您湖心找?
生日那天出言扰,
回头还说偶通宵。
偶与无忌一直聊,
你说见了白眼吊。
叽里咕噜发牢骚,
转眼拔腿兔般跑。

反反复复实太傲，
帮主恨得牙直咬。
自以为是棋局妙，
台坛仿若你战壕。
既编又演还学导，
厚颜无耻无辜装。
岂有此理不容毫，
心念不正怎能饶。
回头想想人还好，
与偶无关何必拷。
去信不回偶计较，
白浪滚滚水滔滔。
居然此事反栽赃，
骂偶又怕挨剪刀。
最是打浑老油条，
不想正眼把你瞧。
不见为净先安稍，
顾来盼去坐孤岛。
东张西望四处瞄，
他人贴中吱吱鸟。
装个猫儿喵喵喵，
又学老鼠叫叫叫。
给你电话你又 cor，
国际长途不懂搞。
喃喃自语唠唠叨，
到处不见小纸条。
恍恍惚惚形似飘，
迷迷糊糊非常刁。
如此态度意中料，
故伎重演原版效。

第一篇 爱与菩提

幼儿园里木板跷，
一头低来一头翘。
说偶摇滚又吹箫，
想罢真想对天啸。
收拾心情复晴朗，
碧空振翅偶长翱。
时阴时雨实在懊，
愁肠郁结无处表。
百倍难忍受煎熬，
气急败坏欲出逃。
外表柔弱性桀骜，
谁敢当偶小羊羔？
若是就此陷泥淖，
不再妄称花逍遥。
好歹也是近邻邦，
台坛相识此缘韶。
禅兄智慧堪才高，
高人从来都寂寥。
黄沙铺天淘又淘，
交个朋友好光韬。
虽然是非常颠倒，
喜怒哀乐当观照。
帮主虽花佛家苗，
除去杂草种葡萄。
查个区号都没瓢，
只顾埋头狂拨号。
这等小事偶心操，
朋友同事问来抄。
拽根麻绳将你套，
噼喱啪啦金钟罩。

一通电话怒气消,
说是要与清白邀。
未置可否将齿撬,
当是修行在寺庙。
眷眷嘱咐连珠炮,
全盘皆收无须挑。
昨日领导又如豹,
气打一处偶发飙。
声声亲昵将偶叫,
响马头儿射飞镖。
版主提醒语轻佻,
改名归正资格保。
禅兄慈悲但莫淆,
言语均须细推敲。
帮主也非黑眼猫,
虽说愚笨心儿糙。
几次三番与君吵,
从未执迷疑不肖。
睡眠要紧早睡觉,
寒夜上网加件袍。
前尘往事如烟袅,
唯翻旧贴才知晓。
昨夜星辰今夜皓,
看得帮主眼呆掉。

若为情狂戏奇巧（二）

若为情狂一出戏，
台坛众生看入迷。
终其一生戏中戏，
万壑千坎实亦虚。

若为情狂戏奇巧（三）

情景模拟乱方寸，
既是戏文怎当真？
世间多少无明汉，
不知世事棋一盘。

若为情狂戏奇巧（四）

快意人生戏连台，
十方诸佛聚眼前。
是非恩怨如浮云，
聊假幻妄明真心。

若为情狂戏奇巧(五)

人生本来一出戏,
诸佛菩萨拼演技。
有眼难识个中秘,
却笑从来悟者稀。

爱与菩提(二)

若为情狂戏奇巧,
爱与菩提仔细敲。
绵绵情殇恨难消,
滚滚业涌转念悄。

爱与菩提(三)

业浪滔滔爱无底,
妄心顿歇即菩提。
爱恨情仇若游戏,
明心见性梦幻息。

爱与菩提（四）

翻看昔日的随笔，
往事一幕幕重提。
情是折磨人利器，
也是可证悟菩提。

觉有情

无端情绪悟业力，
褴褛情途味菩提。
菩提萨埵觉有情，
萨埵菩提情清净。

菩提行

苍山碧水莫非情，
百界千如妙明心。
即俗修真常梵行，
菩提眷侣琴瑟馨。

情执（一）

漫漫情关终须闯，
寻得正道已沧桑。
为情消瘦多愚妄，
磨去执著不痴狂。

情执（二）

豪迈疯子何处来，
逍遥帮主哪方仙。
情真反销无明栓，
无执更促慈悲愿。

情执（三）

本无你我同一身，
自心分别太较真。
情丝烦恼斩光光，
情真无执自在王。

多情 无情（一）

若是多情偶不爱，
无情之子情似海。
曲终人散世常态，
云开总见月翩来。

多情 无情（二）

心本无物任情长，
为谁痴来为谁怅。
大地山河皆佛慧，
多情还需智来捶。

多情 无情（三）

飞蛾扑火爱一番，
深昧众生情苦参。
天地升沉一念间，
多情菩萨悲泪涟。

情场 道场（一）

为伊憔悴意料外，
或是提醒执未改。
忽悟佛法真无量，
情场原来是道场。

情场 道场（二）

情场原来是道场，
划地自限愿难偿。
豁然开朗好舒爽，
智慧通达路无障。

情场 道场（三）

情场道场不二场，
个中谛理细思量。
法法圆通门路长，
哪个不是福慧粮。

常与无常（一）

牛郎织女会桥巅，
黑夜流星划天边。
乔装忙碌无暇怜，
常与无常皆欢颜。

常与无常（二）

恩怨情仇业相勾，
因因果果环环扣。
缘生幻有体性空，
无与无常共谦恭。

常与无常（三）

沧海桑田境相迁，
真我佛性终不变。
爱我恨我谁是我，
常与无常俱不著。

爱与菩提（五）

爱情
不过是种
心甘情愿的错觉
给无执的人生
增添点专执的情趣

爱情
不过是次
有备而去的堕落
让明朗的步履
走入无法预计的轨迹

爱情
不过是趟
峰回路转的菩提
换换口味
在甜甜蜜蜜
勾心斗角里
窥一窥五蕴空理
悟一悟如来真意

第二篇　有味无味

有味无味（一）——和老实说谈屁

有味无味都是气，
明里暗里一个屁。
时候一到往外挤，
灵光乍现法界齐。

有味无味（二）——同一味

有味无味同一味，
牛乳酥酪醍醐萃。
哈哈笑笑齐聚会，
也无屁来也无赘。

有味无味（三）——本来真

有味无味皆客尘，
无明妄想本来真。
一音圆畅二足尊，
随缘同赴光明村。

哪里生

西装裤中阵阵崩，
小小地瓜味大喷。
你闻我闻一起闻，
无明妄想哪里生。

无明地瓜

有个老实不老实，
屁里寻香实太痴。
遍地如来他不识，
无明地瓜将它吃。

说话中听

老实说话偶中听，
胡腔汉曲鼓瑟馨。
帮土今晚昏瞑瞑，
明晚再来论屁经。

三人成行

一个禅疯叽叽咕,
扯上老实心肝吐。
帮主鸡肠气呼呼,
老实白眼鱼皮肚。

老实吃食噜噜噜,
禅疯发嗲嘟嘟嘟。
帮主睡觉呼呼呼,
三人成行唬唬唬。

深夜谈吃

深夜谈吃老实哇哇,
禅疯冒头眨眼呱呱。
帮主咂嘴说声 byebye,
大家散伙麻将哗哗。

一口吞

小小地瓜锅里炖，
香香甜甜味道纯。
熟了熟了赶快盛，
烦恼忧愁一口吞。

表相屁（一）

老实放屁禅疯匿，
心不著力表相屁。
管它禁忌和无忌，
即心即佛即显密。

表相屁（二）

禅家不在坐卧立，
表相功夫向外觅。
即心即佛即显密，
谁是黄檗谁临济。

秉烛论屁

小小地瓜法义高,
我和老实把屁嚼。
秉烛论屁辰光好,
夜半常念老实猫。

究竟一如(一)

老实猪猪扭屁股,
嘴巴嗫嗫真糊涂。
识得醒醉一一如,
究竟一如是何物?

究竟一如(二)

究竟一如是何物,
落于究竟迷路途。
醒醉一如不糊涂,
醒醒醉醉马马虎。

夜不眠

老实夜半又发癫，
呲牙瞪眼耳生烟。
自古好汉夜不眠，
白光仙桌奶油甜。

江山多娇（一）

逍遥说屁露高招，
老实放屁有一套。
江山多娇屁来淆，
自在无染风光俏。

江山多娇（二）

看山是山费思量，
闻屁辨屁细端详。
江山多娇本模样，
不著风光空妄想。

老实心惦惦

恍然梦醒私念消，
牵牵惦惦却悄悄。
小猪屁屁翘翘翘，
帮主心儿跳跳跳。

老实送礼

老实陪偶玩倒立，
见没见到有禅机。
老实为人真大气，
人见人送屁作礼。

围观群众

老实小弟变色龙，
禅疯大侠鼻涕虫。
Lan 伯丫四处拱，
先子帅哥瞅门孔。
逍遥帮主眼红红，
改头换面作门童。

屁理歪唧唧

老实屁理歪唧唧，
帮主嘴上笑嘻嘻。
有屁不放是谁逼，
有屁乱放不稀奇。

老实屁理歪唧唧，
帮主嘴上笑嘻嘻。
有屁不放自己逼，
有屁乱放把人欺。

有屁难放

有屁难放苦无计，
无香可闻登天梯。
老实便秘秋瓜急，
帮主难解隔夜屁。

有屁难放苦无计，
无香可闻登天梯。
帮主唯解当下屁，
莫留明朝便秘急。

有屁当放

有屁当放直须放，
莫待明朝如厕忙。
书生憋屁椅上慌，
浪子狂笑屁豪放。

屁里闻香

屁里闻香如来藏，
地瓜解屁来帮忙。
老实臭屁回肠荡，
空放春秋好文章。

一门深入

一门深入古今理，
小小地瓜高法义。
屁里闻香众人疑，
地瓜说屁纷纷避。
地瓜即是登天梯，
当悟得悟登无极。

体相如如

体相如如不二义，
色心不异空是屁。
谁人欲破其中秘，
借闻老实地瓜气。

你来参

闻屁说屁话来缠，
丝丝绕绕变成茧。
缘来如此你来参，
待有慧眼破心栏。

第三篇　拉拉杂杂

映遍千载月(一)

映遍千载月,
采尽万种花。
姹紫如烟物,
皆是执著化。

映遍千载月(二)——网名连缀

冷月挂天边,
俯瞰江河水。
荷田君何在,
衣空笑婵娟。

映遍千载月(三)——携手

银波托碧叶,
青月映紫莲。
相视笑无言,
携手听沧海。

映遍千载月（四）——聚散

来亦来，去亦去。
聚亦聚，散亦散。
明月不改旧时颜，
徒留清凉照人间。

映遍千载月（五）——观

观人不观己，
观己不观心。
观云观月不观你，
观水观鱼不观趣。
你问我在哪里？
在哪里？
明月无声并无题。

映遍千载月（六）——风流

秦时明月今犹在，
风流万古存枯骸。
莫道潇洒众难离，
一夜霜落弃如絮。

映遍千载月（七）——世态

冬去春来本自然，
世态炎凉也应该。
月圆月缺潮涨汐，
时晴时雨人面异。

映遍千载月（八）——关山万里

关山万里月如钩，
晨雾氤氲锁纤愁。
秋风已葬旧人泪，
空将冬棉枕鸳梦。

映遍千载月（九）——走我路

无怨无悔走我路，
嘻哈缠绵荡江湖。
不眠不休夜如住，
愁思如珠月如酥。

映遍千载月（十）——镜花

春寒料峭满月挂，
横风竖雨洗月华。
却把台坛缘来话，
痴人织梦写镜花。

晴天

碧空万里有云翳，
斜靠老树飘紫衣。
荫遮犹落金万粒，
举袖轻拂愁颜去。

逍遥客

清茶当酒对天歌，
酸甜苦辣作曲和。
我本是个逍遥客，
烦恼无明奈我何。

微风话珍重

初春时节春微风,
春风不似秋风红。
风光不论旧日同,
只在旅程游兴浓。
客居红尘若花丛,
此心恒常敞亦蓉。
借风来把话儿送,
四季无常多珍重。

三月十二日大雪

铺天盖地大雪笼,
棱花烂漫赛隆冬。
一个踉跄扑咙咂,
一树腊梅遍地红。
来日春暖冰霜融,
有人雀跃有人恸。
真空妙有万法共,
参差万类法性同。

龙行于世

见龙在田泥里藏,
自得其乐享安康。
飞龙在天云间航,
从容恬淡隐光芒。

风光

滔滔碧水一线天,
漫漫黄沙驼铃间。
幽幽青山连绵远,
漠漠红尘霞映遍。

知音

茫茫人海知音少,
寻常儿郎叹孤傲。
至真至纯何问天,
历历心计现于前。

芬济

深秋悲凉芬济曲,
禅疯喃喃泪欲啼。
老实意乱徒问崎,
逍遥路驿余叹息。

回微笑真假用功

真假用功细细云,
本性如如道得明。
诗好可惜不押韵,
看得帮主眼犯晕。

回微笑本自如如

本自如如不可明,
不明所以言语轻。
喜笑怒骂泪盈盈,
茶余饭后当笑柄。

坦途

功名利禄尘与土，
谈佛论道不唯苦。
谈情说爱蒸与煮，
逍遥自在不离谱。
耳畔鸟语声声楚，
伶呤天籁何为鼓。
长空漫自任悠浮，
光明澄澈登坦途。

谈出家

生命道路自己走，
众说纷纭莫能愁。
氤氲霓虹不眷恋，
或能警醒众人念。
苦乐福寿有因缘，
迷途未返才哀怜。
了生脱死如来业，
大智大勇丈夫肩。

飘尘

飘若尘游离，
只是梦而已。
纵有意千亿，
世易时已移。

摆渡翁

孤海摆渡翁，
飘忽现影踪。
脚踩八仙舟，
头顶七彩虹。

功夫禅

忙中偷得闲，
偶来转台坛。
愚行与笑谈，
都是功夫禅。

和禅疯子意动心不动

疯子意动心不动,
帮主风幡两不动。
风幡未动心未动,
将就凑合谁来送?

疯子意动心不动,
帮主风幡两不动。
花前月下把茶奉,
灿然一笑皆震动。

疯子意动心不动,
帮主风幡两不动。
龙象侠女别乱碰,
疯子骑驴头撞痛。

疯子意动心不动,
帮主风幡两不动。
满头脓包还真痛,
亦癫亦狂俩随风。

疯子意动心不动,
帮主风幡两不动。
梦中癫狂情意重,
醒时万念皆虚空。

和禅疯子一身腥

帮主听得轻声应,
一呼二唤三喊停。
青葱包子油腥腥,
问你疯子醒不醒。

疯子此话不中听,
嘴停涎停心未停。
加快脚步向前行,
一个踉跄现原形。

和禅疯子漫漫长夜冷清清

冉冉清晨凉嗖嗖,
窗外鞭炮轰隆隆。
万物初萌闹哄哄。
谁发噪音我瞅瞅?

和禅疯子浙江临海吾家乡

浙江温岭我生长,
千年曙光照吉祥。
临海温岭抢得慌,
原来禅疯是近邦。

上台下不来

莫道上台下不来,
不曾上台怎下台。
走马观花影相伴,
阅尽癫狂嗔痴贪。

静明来了

今日懒阳云藏藏,
彼处怨妇骂搡搡。
扫去尘灰清爽爽,
静明无私亮堂堂。

叫娘

偶娘生性好慈祥,
疯疯癫癫休妄想。
帮主腼腆却轻狂,
见字如面理应当。

叫声亲娘本无妨,
帮主年少不敢当。
叫啥小名快报来,
为娘为你作衣裳。

蛤蟆（一）

欲知是谁在呱噪，
纵身便往浴池跳。
瞪大眼睛仔细瞧，
原来有只蛤蟆叫。

蛤蟆（二）

四脚蛤蟆眼朝天，
各路英豪未瞧见。
扑通一声跳下水，
管它枪戟与刀剑。

蛤蟆（三）

蛤蟆神功不简单，
明心见性非等闲。
成佛作祖难中难，
但求用心诚与专。

回 Lym 划拳锈腿不差

Lym 善枪长剑法，
不妨当场耍一耍。
独乐众乐齐乐吧，
帮主为你放烟花。

和 Lym 二十五马上到

二十五号马上到，
新婚郎君无处找。
食多咽难胃栽倒，
偶要一个就够了。

和 Lym 假戏真作

戏本无真假即真，
百般困顿是否蠢。
情到痴尽谁能肯，
一遭期诚剩风尘。

瞌睡

恍恍惚惚眼朦胧,
咕咕叽叽肚子空。
方闻睡虫连番轰,
下线上床梦周公。

上班

六点十分起了床,
刷牙洗脸不匆忙。
爬上汽车出发噢,
半个小时到站上。
吃点东西再开道,
徒步一刻见厂房。
七点五分来得早,
办公大楼人迹少。
明早多睡会懒觉,
六点二十再起床。
稀里哗啦一通聊,
看一看表上班了。

平安夜寄思

平安夜里毛毛雨,
百无聊赖坐屋里。
下午窗口望出去,
盛装新娘著白衣。
如此天气冻煞滴,
今天日子倒吉利。
想起那年真捉急,
伴娘做到哗啦唏。
年初偶姐出嫁哩,
挺着肚子车渐离。
次月降生外甥女,
恍惚如梦偶做姨。
这个世界变化奇,
不知不觉日月异。
偶被丢在垃圾里,
搓着眼睛问东西。
圣诞元旦没意义,
形只影单无所依。
明年规划且抛弃,
还是上网 QQ 去。
过节 QQ 没人气,
无聊人聊 ＥＲＰ。

哎,
打个电话给无忌,
飘泊无踪客地居。
行色匆匆步履急,
路人如流衬孤寂。

都是红尘过隙旅,
万般愁绪无处寄。

外面鞭炮又响起,
喧闹纷纷催人忆。

多年以后思念立,
百转千回欲涕泣。
君恋佳人苦无敌,
隐隐心痛五年期。
西子湖畔独踽兮,
桃红柳绿可知悉?

二月二日永铭记,
拍我肩膀是缘起。
清新不染童稚气,
刻骨铭心狂涟漪。
痛并快乐集如一,
刁消当初情丝絮。
自知向后享妙趣,
若是往前劫难即。
飞蛾扑火奔前去,
遍体鳞伤不逃避。
有苦难言从不启,
心灰意冷不忍弃。
母爱眷眷常问及,
绝口不提笑嘻嘻。
形容憔悴泪如洗,
只向好友觅方计。
同事相邀临海去,

危楼又遇风波袭。
一线生机终灭迹,
父母得知怎容许?
仅遵父命远遁去,
辗转不眠彻夜啼。
藕断丝连莫能惜,
涕泪相伴瘦如鸡。
十月一日烙心底,
TOM 又来找 JAKKY。
旧伤难愈未平息,
雪上加霜血淋漓。
肝肠寸断难自抑,
从此不再存幻曲。
除夕来电示愧意,
又言开始我心戚。
不再有恨坦荡矣,
善言好语开导其。
祝福 TOM 择佳侣,
TOM 却言唯 JAKKY。
时过境迁怎拾起?
仿如生人怎合聚。
一年半载若镜拟,
恰似礼花散次第。
平安喜乐寄我意,
电话那头却无息。
或许无言再以语,
TOM 不再理 JAKKY。

浮浮沉沉两载去,
痛定思痛从头起。

终得灿烂境悦愉,
迎风飒然笑期许。
喜怒哀乐全忘记,
既往开来好运气。

虚空游

虚空漫自游,
南墙撞破头。
念起紧箍咒,
遍地翻跟斗。

虚空漫自游,
南墙撞破头。
紧箍还不够,
钵盂往上扣。

hello 悉达多

哆唻咪发嗦,
大步向前走。
仰头又伸手,
hello 悉达多。

玩火

玩火必自焚,
孑然戴罪身。
充军入凡尘,
难中苦求恒。

月德来了

月娘慈心宫,
德孕菩提种。
来入花坊中,
了缘茶一盅。

和无忌夜半网上疯

晚上好大风,
刮得耳朵痛。
爬楼咚咚咚,
喘气吼吼吼。

夜半网上疯,
脑袋嗡嗡嗡。
睁眼三节棍,
闭眼飞刀跟。

左脚镇狂风,
右脚踢乾坤。
左推霹雳掌,
右握拳锁魂。

和无忌射雕

令狐掌门堪称豪，
段誉情真才亦骄。
我学郭靖射大雕，
自在逍遥桃花岛。

谁人能比黄蓉俏，
哪个更及语嫣娇。
算来数去嘎嘎笑，
嘻嘻哈哈偶逍遥。

令狐段誉我最爱，
痴情乔峰见犹怜。
郭靖憨直我出汗，
始乱终弃表哥踹。

风流倜傥本无妨，
莫做那个段家王。
形癫神明倒健康，
对照是否田伯光。

疯子禅（一）

急云骤雨疯子禅，
情真义切似火山。
唠唠叨叨不嫌烦，
唧唧歪歪真晕菜。

疯子禅（二）

疯子顽皮不顽劣，
虚荣难改习作怪。
酸甜苦辣且当菜，
证得无上真涅槃。

忆偶像

伤感凄丽听大地，
再念当年黄家驹。
昔人乘鹤已归去，
生者激进谓珍惜。

我自振臂向天啸，
天是罗伯特巴乔。
我自附耳问芭蕉，
芭蕉小明本姓姚。

忆故人

新年之际念青衣，
性情女子好灵气。
业有小成实不易，
三十又一结夫婿。
毅然弃职远道去，
追随夫君南京居。
如此女子当珍惜，
相携到老甜如蜜。

大智若愚黑皮鱼，
相逢犹疑前世遇。
磨却今生世俗气，
轮回无期早脱离。

米兰非花而是狼，
为球痴来为球狂。
跪地七时头不昂，
孽债还得泪来偿。
愿得贤妻性大方，
伴你一生路康庄。

吴心之心濒颓丧，
吴心之树早沧桑。
吴心之心本豪放，
吴心之树待芬芳。
阳光明媚泄春光，
鹰飞蛙鸣草如蟒。
无处不在暖阳光，

俯仰欲拾却远方。
逢场作戏偶篇章,
秉性不改苦无常。
愿得真智不虚妄,
来生定往佛前唱。

论人品

酒徒酿酒还不赖,
红烧摇滚非偶爱。
楚歌率性稍嫌滥,
剑客情真却徘徊。
鱼浮半空甚感慨,
转身伊人投入怀。
都是浮世寻常男,
酒徒酿酒犹可赞。
连个酒徒都不赶,
嚷个千年也无奈。
山外有山天地宽,
一叶障目空悲哀。

新年感怀

去年此时不张慌，
鱼来虾往应酬忙。
夜半独自听花香，
感怀谁像许绍洋。

睹物思人忆发黄，
触景生情悲愈猖。
日新日异不惆怅，
渐行渐远微迷惘。

新年许愿

新年又许新愿望，
父母平安又健康。
姐姐姐夫生意忙，
弟弟在外工作棒。
调皮甥女叽喳闹，
快快乐乐把歌唱。
慈祥外婆福寿长，
一心向佛往西方。
逍遥帮主倒无妨，
随缘随性莫能挡。

发夹

疯子成天叫得慌，
小小发夹旧倒俏。
统统给你接好了，
省得拿它做文章。

给你一个要收好，
疯疯癫癫会乱套。
扎得满头都是包，
乖乖学着去抓药。

禅疯师兄瞎胡闹，
小小发夹缠着要。
无忌师兄爱说笑，
帮主看了直要叫。

禅兄此言还厚道，
帮主老套不胡搞。
请将地址来相告，
他日便能收邮包。

小小发夹来相送，
且将只言托孤鸿。
浮生一梦话匆匆，
菩提路上做愚公。

围巾

喂喂喂，你别催，
搞根围巾把你围。
风霜雨雪你来背，
黑灯瞎火往前推。
别说谁赢和谁亏，
末了都是一堆灰。
忧思怒哀恐为鬼，
自心生魔始徘徊。
执谬逐相青莲萎，
正知未觉苦轮回。
心地无私翩翩飞，
正大光明熠熠辉。

冻疮

天长地久双翼飞，
帮主奔跑谁来追。
上班起早又摸黑，
聊聊无聊蒙头睡。
晴空乍现一惊雷，
一不小心冻疮随。
看见冻疮扁扁嘴，
脚趾肿得像乌龟。
什么暖冬雨夹雪，
岂有此理骗我辈。
什么单飞与双飞，
不及冻疮散如葵。
平常日子淡如水，
酸甜苦辣亲手烩。
一个帮主就够霉，
偶管追的他是谁？

快乐帮主花

快快乐乐帮主花,
一天到晚笑哈哈。
辛酸苦辣齐哗啦,
烦恼忧愁全咔嚓。

鲜言寡语帮主花

鲜言寡语帮主花,
酸咸苦辣肚中化。
心宙宽广无边划,
何须言语来表达。

文秘班喜事传

星光璀灿文秘班,
接二连三喜事传。
热心同学马后鞍,
逍遥帮主来呐喊。

阴雨天牢骚

阴雨天气真是闷,
办公室里头发昏。
嘻皮笑脸来相问,
赔礼道歉也无门。
非是我辈弱幼嫩,
与人为善性柔韧。

TOM 说偶心太狠,
可记当初偶如焚。
旧嫌尽弃态诚恳,
别找借口将人蒙。
只求君道一句真,
烟消云散怨与恨。
什么事实都能承,
什么结果偶都认。
却将真情筹码捧,
恣意而为锥心疼。
忍无可忍无须忍,
拂袖而去海天任。
跪地三尺也无能,
涕泪纵横妄留尘。

猪头暴躁太蛮横,
扁脸圆眼口如盆。
屡次三番频发瘟,
执迷不悟可怜人。
尊重二字似利刃,
请卧床头慢慢啃。

日子

新年应有新气象，
稀里糊涂没方向。
日子就像一道墙，
年复一年旧模样。

踏实过日子

欢歌笑语终有时，
曲终人散寻常事。
嬉闹玩耍虽多滋，
安得自在复隐世。
如鸟兽散莫道辞，
分奔东西归现实。
炎凉冷暖皆自知，
各拾尘缘了相思。
沉作词来浮为诗，
踏踏实实过日子。

和禅疯子对诗（一）

疯子休嫌个不高，
只因当初太焦躁。
呱呱三声初出道，
不用爬来竟用跑。
事到如今哭啕啕，
叽哩哇啦也白嚎。
若想腿儿长挑挑，
再到娘胎走一遭。

和禅疯子对诗（二）

八哥聒噪您高贵，
八哥讲话声声脆。
飞弹连连排排推，
疯子讲话烟灰飞。
弹壳当当一堆堆，
八哥吓得直后退。
硬将八哥来挤兑，
气得八哥酒喝醉。

和禅疯子对诗（三）

疯子脑袋真菜鸟，
一天到晚尿尿尿。
行军百里路迢迢，
回头望望水淼淼。
原来疯子量太好，
一泻千里船摇摇。
那日公车载客少，
突然洪水哗哗秒。
水深及膝不用瓢，
开门泄洪众人逃。
疯子掩嘴偷偷笑，
小试牛刀也狂潮。

和禅疯子自言自语残篇

禅疯师兄真叫怪，
有时拽来有时坏。
七颠八倒太能侃，
胡吹海聊词如山。
说是电脑实在菜，
不会登录没法看。
找个密码找半天，
搞来搞去没明白。
偶看不是脑袋瘫，
鬼鬼祟祟耍心眼。
装模作样摆姿态，
妄想台坛全玩转。
嘴上佯叹倒楣蛋，
稀里哗啦乐得欢。
唧唧呱呱唱又弹，
惊天动地菩萨蛮。
风风火火像比赛，
事到临头溜得快。
让人盼到眼睛酸，
仔细一看烟雾弹。
鸣锣喧鼓戏重来，
一不留神将你卖。
雨过天晴又扮乖，
迷迷糊糊装可爱。
嘻嘻哈哈色不改，
痛心疾首勇向前。
不是疯子无人管，
一切皆因心念歪。

终于树倒猢狲散,
东张西望无人烟。
工于心计作安排,
老奸巨滑活秦桧。
莫名其妙不堪猜,
匪夷所思首当选。
区区地址不值谈,
言而无信令人寒。
想要电话也不难,
语出伤人我心颤。
反反复复野孤禅,
休到东方称不败。

和禅疯子蓝色忧郁划天际

蓝蓝海水蓝天际,
蓝色忧郁裂罅隙。
肖邦高奏圆舞曲,
汉斯罗特谱悲凄。
怒涛褪去化狂喜,
狂心骤歇潮头栖。
靡靡阴郁挥袖去,
光明通体波罗蜜。

戏痴

恩恩爱爱朝朝暮,
风风雨雨秦与楚。
台上打诨稔相熟,
台下相敬小叔叔。
含羞遮面吱吱唔,
愿执一生着戏服。
来生定当作吕布,
抱得貂婵为我妇。

帮主自嘲

光说不练帮主花,
形影相吊叫哇哇。
谈情说爱太复杂,
搞得不好便要挂。
未雨绸缪墙洞挖,
狗矮墙高不咔嚓。

帮主从小就很懒,
三从四德难变乖。
虽然脑袋还不赖,
有时聪颖有时菜。
数学老师偶不爱,
理化后来就变坏。
四书五经从不看,
白话易经只前半。
花心萝卜偶最拽,
眼中人儿月月换。
一二三四像书翻,
举不胜举乐得欢。
对镜自怜偶常叹,
蒙头大睡爽酣酣。

正月十四

正月十四月不晦,
KTV 里偶喝醉。
颠来倒去真受罪,
活该死该一张嘴。
头晕恶心身体瘁,
思前想后省悔最。
记得那回还没醉,
肚子太胀去放水。
双脚像踩棉花堆,
摇摇晃晃男厕回。
戒了戒了酒精鬼,
胡吃海喝伤肝胃。

正月十五

正月十五闹无宵,
张灯结彩好热闹。
天又下雨众人毛,
踌躇无辙到处挠。
赏灯猜谜幻影泡,
舞龙戏狮没得瞧。
帮主无聊被中猫,
禅疯老实网上喵。
相距太远聚不了,
若是相邻那多好。
提着灯笼追赶跑,
大伙一起逗着笑。
怎奈海峡阔渺渺,
一时三刻不能到。

老实真嗲

老实老实真是嗲，
五味杂陈非是夸。
厕中食鱼被刺卡，
舀起浑水呼唏啦。
抹抹嘴巴咂咂咂，
打打饱嗝嘎嘎嘎。
皓月当空高高挂，
岌岌茅厕放光华。

　　诸看倌：
老实不著屎尿屁，
玩笑互损您莫急。

疯仔说话

疯仔说话势昂然，
石头炸药随偶搬。
宅心仁厚帮主婵，
小试牛刀掂石块。
两名大汉过来抬，
举起石块砸向前。
别跑别动嘴别裂，
看你凛然不凛然。

开题

开题千万意乱啼,
落叶遍地拾无息。
清风欲解西来意,
笑傲江湖琴萧曲。

道别

来时应知去时空,
笑傲江湖意犹浓。
临行潇潇细雨中,
雨亦知心道珍重。

世道

世道公道不可道,
因缘果报自己造。
争来夺去好热闹,
东法西法全忘掉。

和柴门半掩月来关

柴门半掩月来关,
对面湖山银光寒。
朝花晨露几多秋,
倚扉凭栏何年柳?

和子象一支花

老象说偶一支花,
台坛论剑乱哗哗。
忖问寸心许谁家,
先子淡笑指洛迦。

和蓬莱不敢先子洛迦花

凤眼酒窝洛迦花,
为吃腐乳叫呱呱。
世事炎凉度苦华,
神州菩萨呵护她。

和老实说夜半钟声

夜半钟声华尔兹,
大猫小鼠一窝子。
老实猫爪电贝斯,
见独鼓足 camus。
禅疯方歌嘶嘶嘶,
逍遥便唱吱吱吱。

和老实说大乘小乘一团糟

大乘小乘忙赛马,
球员裁判乱哗哗。
裁判骑马嗒嗒嗒,
球员吹哨唰唰唰。
观众掉头嘛嘛嘛,
净法回来咔咔咔。

和老实说明月高挂心头岭

明月高挂心头岭,
孤峰独立一片云。
谁人踏浪系风铃,
逍遥蹈海戏波粼。

回念初无相内功

无相内功算个啥？
青菜萝卜才最嗲。
要学老大无影花，
多长痘痘挖挖挖。

拉杂说今年

举头遥望明月天，
低头鼻涕挂嘴边。
去年自语窝早迁，
拉杂开花说今年。

拉杂乐

乐罢昨宵乐今宵，
拉杂天天玩笑闹。
无有忧愁无有恼，
神仙咂嘴比不了。

拉杂淘

拉拉杂杂满是宝，
老实半夜又来淘。
疯子哭闹不睡觉，
先子学乖 bobo 叫。

拉杂寂廖

阳光普照实在好，
人来车往喧嚷吵。
看看这儿很热闹，
大伙没来也萧条。

疯仔剃头才回来，
老小忙完歇着没？
老实夜半在哪癫，
逍遥瘪嘴不咩咩。

慈玫惜缘要注销，
苦海妙观门外靠。
莎莎来时静悄悄，
拉拉杂杂也寂廖。

拉杂乐翻天

拉杂天天乐翻天，
有人笑来有人颠。
老实弹琴玫舞绢，
先子吹箫遥提剑。
禅疯拎刀作陪练，
见独空挥太极拳。
紫竹沙沙轻功传，
银波闪闪水上转。

夏思

垂首沉思座朝南，
笔墨方浸考卷染。
豪雨袭窗暑意寒，
骤步阶台绪悄栽。
遥想陆游戍轮台，
夜阑雨摧沙场前。
老骥伏枥志难改，
只恨梦里光阴短。

调侃万法归一

老万开口连珠炮,
不是老公就宝宝。
一天到晚嘻嘻笑,
乐得牙齿往外跳。

和万法归一我本紫宵宫中仙

我本无影逍遥仙,
时去时来衣姿翩。
今生颠沛在尘间,
开开心心邂旧缘。

回万法归一囡囡良心狠

万法归一太罗嗦,
聊是论非话真多。
身处偏境心难捱,
老是唧呱不静坐。

和万法归一烦烦

逍遥不烦老万烦,
老万到处去挂单。
烦,烦,烦,
桃花源与香巴拉,
怎么还是纸上帆?
难,难,难,
人隐桃源心难安。

和万法归一返朴归真

返朴归真理简单,
闹来闹去做很难。
不说之说无法说,
疾风暴雨早回头。
走南闯北去挂单,
聊天作诗比文采。
生死颠倒难自在,
疯疯癫癫念多散。

五一来了

清风拂面凉爽爽,
燕子啾啾穿过廊。
大人小孩意兴盎,
五一来了旅游忙。

天气晴朗真是好,
阿狗阿猫到处跑。
街上 MM 漂漂漂,
怀里猫猫喵喵喵。

不太乖

宝宝从来不太乖,
鸡毛蒜皮叫歪歪。
东西南北乱点菜,
脑门贴金真是汗。

叼根香烟坐板凳,
二郎腿翘老娘恨。
上学纯粹是瞎混,
长大怎么把钱挣?

粗菜淡饭

青菜茭白味道好,
馒头油条也不孬。
感恩知足善业造,
长养慧命真正宝。

七夕

展卷读经度七夕,
纤思清舒比眉齐。
天上牛郎会织女,
树上虐狗有黄鹂。

扑克牌

思绪百般梦里回,
唯寄深情红桃A。
扑克牌上写人生,
美丑百态尽在中。
扑克牌上看人生,
业缘果报太沉重。

糖葫芦

小小糖儿圆又甜，
宝宝眼睛滴溜旋。
抢了拽在手里边，
旁边谁也不让见。
伸出舌头舔一舔，
嚼了两下牙齿黏。

月夜

月亮黄黄挂天边，
星星闪闪劲眨眼。
瘪瘪嘴巴敞开怀，
梦里摘星好助眠。

鸭子

鸭妈妈，鸭小崽，
游来游去乐悠哉。
嘎嘎嘎，嘎嘎嘎，
蓝蓝湖水暖暖船。

回 Bymoon（一）

力辩诚需要，
瞑眩更是宝。
若为吃饭故，
两者皆可抛。
肚皮填个饱，
嗓门永不倒。

回 Bymoon（二）

一人吃，
两人饱，
这个逻辑不太妙，
Bymoon 肚里有蹊跷？
你争我辩呱呱叫，
当下就是这么搞！

和禅疯子彩票

今晚开奖六合彩,
万千彩民瞪眼待。
电视机前脖仰酸,
杠龟杠龟呜哀哉。

今晚开奖六合彩,
万千彩民瞪眼待。
夜夜梦想发大财,
陷饼总掉别人袋。

馅饼总掉别人袋,
最大惊喜两百元。
买买买买都是衰,
就是五元也不沾。

和禅疯子城门鸡蛋糕

城门城门鸡蛋糕,
万水千山虫星瓢。
一体平怀晴湛貌,
也无惊澜也无涛。

秋天的清晨

从恍惚中醒来
我的脸颊有滴滴清泪
记忆的画面如潮如白云翩翩
如清风拂过姿态万千
你的影子忽隐忽现

每个夜晚难以成眠
你忧郁的眼神似铁蹄缤纷
踏过我纤弱泥泞的灵魂
你可曾听见
我的心碎　如玫瑰般盛开

秋天的清晨　椒江空濛
通往你老家的大桥凉风袭人
雾湿的广场不再有夜的喧嚣
你停车驻足　流连不归
而我　早已走远

我不出门　怕清新的气息中弥漫欢乐的味道
在污浊的空气中慢慢苍老
可悲的
我可以走得很远
却走不出这个伤感的秋天

等待

我是如此简单,如此清冽,如泉。
你是如此简单,如此醇厚,如酒。
　遇见你,我会冲你灿烂一笑,
　　然后,躲到你的怀里哭泣。
　为你,为你这么多年的疲惫。
　为我,为我这么多年的孤寂。

　　我一直在等待你的到来。
　　而你,却迟迟不肯出现。
　　　我也曾迷失,彷徨。
　　选择坚持,只因始终相信,
　　　你是我生命的奇迹。
你的到来,是我生命最真切的渴望。

我用一颗澄澈的心,迎接你的到来。
　　　人生,如此短暂。
　　我要用,未来的两万个日子,
　　　深深地,把你依恋,
　　　深深地,让你眷恋。

回忆

回忆是心灵的牧歌
在草原上悠扬 回荡
我颔首 回望
那来时的路上
洒下一串串彷徨
时而青翠 时而涩黄
在青与蓝 地与天的边上
所有的色彩 交融 芬芳
我昂首 弹起一指风哨
向那遥远 极致地方
将自己放逐 让自己放浪

输赢 对立

输赢不过是局棋
交手中看清自己

输的呼天抢地
赢的欢天喜地
手舞足蹈 姿态各异
积习立显 光怪陆离

输赢不过是局戏
欠你的还你
强求 布来世棋局

输赢不过是一时路迷
我用输赢将你对立
你用输赢拒我千里

输赢不过是又一次解密
放飞情绪 用自己去爱你
你在我心里 浑然一体

无输无赢
无对无立

你的诗篇

四年前你写给我的诗篇，烂漫翩跹。
四年后再读，有感动绵绵。
不想知你曾走过的错陌阡阡，
不想去想象 当我决绝 你扭曲的脸。

争争夺夺的结果总是，
有人欢喜有人失眠。
在……最后揭晓以前，
我竭力，让伤害 降到最低点。

世间太多男女为情困缱，
深爱过，痛彻过，懂你执着解你愿。
愿你快乐，愿你有幸福的明天！
愿你们快乐，拥有幸福安详的每一天！

了结

在疲累的时候，
总是想有所了结。
不是相消于远望，
就是相忘于凝眸。

我静静躺着，闭眼，
过去的日子如这清波，
调皮俏趣，脆笑如铃，
弹光弄影，轻捉我足……

已经很久了吗？
我已经麻钝，还是习已成疾？

我在沙滩搁浅，
怒潮来时，让我作个了断！

在转身之前离去

在转身之前离去
我以为会比较彻底

用一个陌生人作比
验证的不过是自私
而不是勇气

用伤害赌气
输的不是我 也不是你
是 真情义

这游戏是机智 还是痴愚
这命题 到最后
不是乏力 而是跑题

在转身之前离去
我以为会比较占得先机
虽然早已破落 支离

再见不是朋友
这句话 一点没错
不过是 一转身的距离
我 不认识你

第四篇　醒即菩提

醒即菩提（一）

色空不异在原地，
我是戏子也是棋。
轮回无期苦寻觅，
恍然梦醒即菩提。

醒即菩提（二）

苦痛挣扎感受深，
百味交集体悟沉。
人生剧场演出真，
恍然梦醒觉性呈。

醒即菩提（三）

莫名情绪突来袭，
蓦然惊醒只瞬息。
无明火起心扭曲，
熊熊燃烧全是欲。
回光返照内观己，
林林总总从何起。
性空真火生猛击，
本来面目当下契。

无明（一）

无明烦恼方寸牵，
于苦痛间毫厘现。
逆行而弃息如弦，
顺进而取念犹悬。
如如不动何曾前，
寂寂原地踱又踮。
烈烈火海化红莲，
方称逍遥自在仙。

无明（二）

吃喝拉撒步蹒跚，
晃晃悠悠行云间。
无量风光本眼前，
明无明者活脱仙。

无明（三）——无明即明

无明即明何须明，
廓然大净体自清。
流水迢迢那伽定，
杨柳依依狮子庭。

诸佛法身

诸佛法身遍处在,
无时无刻曾离开。
佛入众生心想中,
何分南北与西东。

大梦难觉

法身慧命真宝藏,
光天耀地矿工荒。
大梦难觉争夺忙,
醒时明明无一桩。

和 Lym 一日不见路已分

闭目不觉路已分,
再见重逢更忘深。
同是天涯沦落客,
可知原本一法身。

哪里来

如来藏　藏如来,
轻轻焰幻光明海。
若问我从哪里来,
十方三世不离前。

和善友一曲逍遥拂尘风

一曲红尘因缘风,
逍遥一世问真衷。
讲有讲无百态丛,
藏心有无妙真空。

和善友一样米饲百样人

百样人儿一米饲,
百态人生因缘斯。
讲无生有妙真司,
讲有见无藏心池。
有无之间问真师,
哈哈笑笑一世掷。
拂风世情红尘痴,
一曲清凉逍遥志。

藉物撷花心法偏
——感 Lym "百丈万门开"

姹紫嫣红色万千，
百花妖娆目光牵。
竞开次第绝世妍，
蔓妙花圃阔无边。
花情种种风儿怜，
娇笑绵绵众人恋。
伸手欲采遍竹圈，
无篱无篾尽陈现。
欲罢不能苦留连，
花依迎风俏恬恬。
非是幻境将眼骗，
藉物撷花心法偏。
应无破有万门添，
一念即成一方田。

夜来舍妄

夜风拂来夜花香,
赤诚一片付汪洋。
且舍浮生诸妄想,
证得涅槃回故乡。

故乡

此乡彼乡不二乡,
烟雨迷蒙问夕阳。
万亿僧祇亦当下,
五浊常飘莲花香。

两岸

此岸彼岸返何艰,
来来往往渡舟远。
霍然一瞬悟门开,
不来不去本如来。

天上天下

天光光　地光光，
天上天下界十方。
佛土无边广无框，
眨眼踏莲随诣访。

识性真疯（一）

识得弥陀天地宽，
阿弥陀佛坐中间。
欲疯难疯根基浅，
真到疯时性尽显。

识性真疯（二）

识得自性风流仙，
微笑常置眉宇间。
痴痴癫癫念不偏，
悠悠哉哉天地旋。

漏（一）

来时光溜溜，
去时乐悠悠。
随性荡千秋，
碍啥啥就丢。

漏（二）

碍啥啥有漏，
真空实宇宙。
飞雪黄昏后，
融净尘世垢。

镜

看你很不爽，
心头草莽莽。
俩俩相对望，
明明镜一方。

秋风冬风

秋风何时惹冬风,
平地凸峰把路横。
无缘无故瞎起拱,
视如无睹路自通。

一月一日听咒（一）

继往开来大悲咒,
一月一日齐听颂。
光明顿现异时空,
只听心跳通通通。

一月一日听咒（二）

南无观自在菩萨,
尊者无处不在啊。
心念不正即关卡,
自生魔幻来度化。

人性

非是人性不堪探，
著一情字真假辨。
三毒俱全定力浅，
即知心癫性未见。

浑沌

清池落一藤，
刹那搅浑沌。
观者见其状，
纷纷哀其脏。
不复清涟样，
抽身欲离样。
娑婆真道场，
从来迷离相。
清莲淤泥养，
垢净俩无忐。

逃禅

苦栽细护花无影,
风雨逍遥花自开。
迷禅醉禅禅逃远,
疯疯癫癫禅纷来。

心尘

我佛慈悲渡众生,
静躁参差不分等。
莫责他人陷泥坑,
乱谁视线谁心尘。

和禅疯子忍

善缘恶缘无须忍,
忍字当头必有尘。
心头有尘双眼蒙,
置一杆秤常自称。
慈生无边常怀恩,
才是娑婆摆渡人。

究竟

苦海汹涌生灵荼，
舟横无人谁来渡？
缘起缘落定戏谱，
法界十方有还无。
究竟本为偶拾物，
遁入轮回人之初。

说空

说空容易证空难，
不空说空事来烦。
欲求难填苦万般，
掏空便成真如海。

一物不悟

冥顽不灵叹悲苦，
一物不悟拦路虎。
菩提路上沉与浮，
哪壶不开提哪壶。

真假用功

用功用功说用功，
徒劳不力无用功。
什么才是有用功，
思来想去真用功。
真用功本假用功，
假用功乃真用功？
非也非也白用功，
白用功当没用功。
用而无功用啥功，
用功不如不用功。
埋头用功苦用功，
怎么都是无用功。

和老实说仰望苍天（一）

> 仰望苍天无边隙，
> 宇宙之力瞬间即。
> 独行沧海眉前戏，
> 蓦然回首千百偈。

和老实说仰望苍天（二）

> 仰望苍穹忧无边，
> 成住坏空一瞬间。
> 万灵涂炭愁眉前，
> 悲海慈航千百年。

和老实说痘痘

> 老实半夜诗兴发，
> 寻痘遥至蓬莱崖。
> 痘痘何须四处挖，
> 自生自消是翳花。

自在行

境界虚影世界娇,
自行化他甘折腰。
笑傲江湖衔空花,
游戏自在写神话。

静明乐

仰天长啸自孤高,
俯首默耕也英豪。
狂消疯歇净乐邀,
和光同尘静明耀。

和先子致静明万缘小歇亭

万缘小歇静明显,
蓬莱不敢佳亭恬。
缘聚缘散逍遥殿,
明月无事照人闲。

和蓬莱不敢先子宇宙之力

成住坏空棋中局,
宇宙之力即菩提。
无形无相藏太虚,
随所应化身千亿。

和蓬莱不敢先子汤圆(一)

一碗汤圆溜溜圆,
十方善信事佛前。
有情有义滴滴连,
有缘有份因果泉。

和蓬莱不敢先子汤圆(二)

一个白碗六汤圆,
五蕴色身六根全。
盘盘点点又圈圈,
如来藏门遍大千。

酒色财气声犬马（一）

酒色财气声犬马，
六道轮回永作家。
拨无因果乐哇哇，
地狱大门等着他。

酒色财气声犬马（二）

酒色财气声犬马，
见性菩萨无作法。
业净情空折梦花，
看破放下大实话。

真如戏

来而不往非是礼，
是非恩怨辗转续。
真情真意真如戏，
处处都是极乐地。

幻梦无常

幻梦无常起深悲,
阳春三月日初辉。
漠漠红尘满目灰,
漫漫寂途路犹迴。

利谷欲壑

利谷欲壑罪滔滔,
苦海浮沉似孤瓢。
怎堪遍地俱业壕,
谁人救汝出污淖。

欲海惊澜

遥望归期未有期,
无量无边绵劫祁。
欲海惊澜常号啼,
骇波辗转何时息?

酒一杯

红尘浊音酒一杯,
娑婆梦里几度回。
迷离茫惘总欲醉,
感同身受不由悲。

性中庵

一句弥陀性中庵,
佛号声声是仙山。
无有羁来无有绊,
任游太虚乐也哉。

念弥陀

百川终将汇大海,
毗卢遮那体周遍。
摄受无边弥陀愿,
光寿无量我侍前。

善护口业

因因果果汝难明,
是是非非绕口令。
开口闭口三涂因,
善护口业莫讥轻。

梦醒时分

梦到醒时方恨短,
烈狱仿似繁星天。
因缘和合巧安排,
弥陀端坐紫莲台。

弥陀情

昏昏复昏昏,
纷纷漫天尘。
踽踽孤行人,
懵懵觅路程。

亲亲复亲亲,
菩提久劫行。
弥陀系一心,
母子会寂情。

回万法归一（一）

万法归一寻无迹，
宝池碧叶本来奇。
灵知妙觉冥无息，
流霜秋枫递祖意。

回万法归一（二）

万法归一唯心净，
莫纵己心骋外星。
本地风光寂寂惺，
幽然回眸起悲情。

回万法归一（三）

老实做人第一宝，
万法归一仅此道。
勾心斗角算计超，
恶途枕头你抢抱。

回万法归一（四）

万法归一要心净，
一念不著是秘因。
纵然会得真如性，
悲智双运起大行。
上论坛　逛Q群，
千奇百怪从未宁。
念念不住真清明，
阿弥陀佛常叮咛。

学法门无他

逍遥帮主无影花，
眉开眼笑乐哈哈。
好好学习瞧人家，
时时反观莫自夸。
烦恼上门练踢踏，
地狱天堂转念化。
要学法门也无他，
老老实实听佛妈。

青蟹（一）

青蟹青蟹命一条，
煎炒炊炸无处逃。
贪生怕死乱挥螯，
轮回道上路迢迢。

青蟹（二）

青蟹青蟹身无常，
反复颠倒换衣裳。
了生脱死求稳当，
称念弥陀往西方。

发露偈

浑浑噩噩廿几年，
杀生无数罪盖天。
而今发露告亲冤，
洗心忏改慰灵痊。

和万法归一嘻嘻嘻呜呜呜

嘀嘀嘀　嗒嗒嗒,
青灯一盏由心发。
古佛常伴不离家,
烦恼苦乐菩提花。

喱喱喱　啦啦啦,
万法归一瞎说啥。
满嘴鞭炮噼噼啪,
呲牙裂嘴叫哇哇。

呲牙裂嘴嘿嘿嘿,
弥勒菩萨喜颜开。
难容能容乾坤袋,
平等欢喜流性海。

和万法归一奇奇怪怪

奇亦奇　怪亦怪,
老头老太齐晕菜。
禅净念佛本无派,
誓不两立门外汉。

和万法归一一天到晚笑哈哈

一天到晚笑哈哈，
哆唻咪发嗦唏啦。
世间万法作吉它，
有事没事鼓打打。

和万法归一人间大傻瓜

最是人间大傻瓜，
功名利禄视如花。
天堂地狱一缸砸，
自作聪明攀附它。

和万法归一一万万一

说空容易证空难，
名闻利养看不穿。
是非不平埋心田，
一万万一计又掂。

和见独妄从觉来

水起云涌缀满天,
妄风徐来转复觉。
垂睑俯笑繁锦园,
碧池清莲时时开。

回小神子

结庐市井亦神境,
庐山小路碍大行?
处处指月月难明,
明明大道也畸径。

新年海边游

一张老脸迎新年,
两脚踩着东海水。
非故非新春常在,
不增不减几时添?

和禅疯子往事已矣（一）

往事历历不可追，
仿佛冷风将我吹。
兰心慧质佛号随，
峰高眺远鸟迹回。

和禅疯子往事已矣（二）

往事如灰随风吹，
万里江山恍如飞。
诸佛菩萨扎一堆，
深悲莫由双泪垂。

和禅疯子往事已矣（三）

往事历历影孤锥，
情深淙淙曲觞水。
即便无常夺命槌，
无来无去我是谁。

和禅疯子往事已矣（四）

无来无去原地唯，
满目疮痍白骨堆。
纵是名山禄峰围，
无执如风不必追。

和禅疯子天上人间（一）

天上人间我最嗲，
只手扶莲紫衣纱。
即便无常爱称霸，
一缕春风悄入化。

和禅疯子天上人间（二）

天上人间我不落，
身在世俗心游化。
此生红尘把浪踏，
来生再当奉尘刹。

和禅疯子午夜在徘徊（一）

是谁午夜在徘徊，
帮主心中无挂碍。
若是无常早明白，
何必后悔当初念。

和禅疯子午夜在徘徊（二）

曲终人散太开怀，
同往西天见如来。
阿鞞跋致不退转，
高预海会大畅快。

和禅疯子我本观音怀中眠

我本乡野一村姑，
常念弥陀莲花坞。
噜噜噜噜噜噜噜，
咕咕咕咕咕咕咕。

醒来早

个人生死各人了，
天南地北无处逃。
无作妙力自在宝，
三十二应难思妙。
颠倒痴人心机高，
二十三身换衣袍。
南柯一梦醒来早，
星星大地共善导。

无限好

花开红尘无限好，
春夏秋冬自逍遥。
苦乐酬债染业消，
断恶修善净土造。
业尽情空至涅槃，
入地众生共佛颜。

梦中事

虚名浮利促人狂,
锦上添彩更迷茫。
空花水月筑道场,
梦中佛事鼓磬响。

苍生情

昨夜星辰昨夜梦,
展转回首路已朦。
千山独行伫孤峰,
芸芸苍生情却同。

问路

路上问路几多苦,
前世今生逐迷途。
褴褛敝屣斜眉处,
烟波浩淼法性湖。

也说灵魂出窍

识得本心一念间,
不识本心无量劫。
前门是村后门店,
左奔右跑不得闲。
善恶造作轮回钱,
因果报应业相牵。
灵魂出窍一缕烟,
生生世世如流迁。

中阴

中阴境相幻影逼,
孑然离友无处栖。
光怪陆离业相吸,
虚生浪死难暂息。
此刻现起真的你,
无生无死光明体。

法性颂

火海烈焰不曾燃,
铁狱冰林亦无改。
五浊恶世犹未减,
殊妙极乐不能拴。

听茉莉花

法身如来示尘劳,
无取无著无上道。
茉莉花开香常飘,
高跟鞋上青蛙跳。

轻羽

片片轻羽飞去来,
天上人间遍徘徊。
舞尘弄云不拈沾,
无去无来本涅槃。

金刚般若(一)

金刚解义无所住,
千万法门由空出。
般若波罗我相除,
不落两边事中修。

金刚般若(二)

金刚般若无所住,
大千世界囊中库。
阿耨多罗无生树,
涅槃菜盘两不误。

尘嚣

滚滚红尘丈几许,
狂澜不遮清洌渠。
沥沥尘嚣妙音雕,
一体平波落花飘。

业缘果报（一）

业缘果报不思议，
是非恩怨使人迷。
前赴后继挥意气，
永陷轮回深坑里。

业缘果报（二）

业缘果报非是虚，
染净天殊可称奇。
爱欲造作轮回泥，
莫溺其中不舍离。

回 Bymoon 木女寒山

豪情壮志欲织编，
气概万千根底浅。
木女寒山哪样减，
浴火沐冰俱化莲。

跆拳道

极乐娑婆共寂光,
红黄蓝绿本无双。
非柔非刚非非刚,
刚柔并驱清凉方。

色迷

色不迷人人自迷,
色性本是幻华翳。
迷迷离离两相宜,
桃粉樱红说旖旎。

小楼闲思

小楼倚坐冷眼望,
静观成败莫张狂。
因果不昧称性王,
哪比庸碌名利忙。

致天台月悟法师

月映涅盘天，
悟宣妙莲台。
法敷一乘教，
师诠圆顿观。

和谛弘法师周遭琐碎

周遭琐碎今朝修，
时时觉照不为囚。
圆明湛然千古秋，
世世不住无明游。

评王治全太平洋上好钓鱼

太平洋上人和鱼，
缘来相遇一竿倚。
一般佛性一般衣，
我今旁观寸心寄。
他日佛前树下聚，
共沐法水共菩提。

无明（四）——见牢

无明是一间无边无际的牢，
　知见就把我困在牢中央。
　　我知见立知很迷惘，
　　　在觉上加觉很彷徨，
　　如何我才能穿透这见牢？
　　识贼就这样缠着你不放，
　　家珍却这样从来都不藏。
　　　曾听说无明本虚妄，
　　　却明上复明多痴狂，
　　问你何时能照见这心光？
（music：张学友《情网》）

www.ingramcontent.com/pod-product-compliance
Lightning Source LLC
Chambersburg PA
CBHW070912080526
44589CB00013B/1267